LE POLITIQUE BOVRIQVET DE LA MARTEGALLE.

Aux Rebelles.

A PARIS,

Chez NICOLAS ALEXANDRE,
ruë des Mathurins.

M. DC. XVI.

Auec permißion.

AV LECTEVR.

MON amy ie t'enuoye Monsieur
Bouriquet & Martegalle, qui
ont pris la poste à Bordeaux, pour me
venir trouuer au heurt, où la presse des
afflictions me retenoit, ie sçay que leur
equipage est assez mauuais, n'ayant pas
l'esprit maintenant bien libre pour les
mieux parer. Orne-les ie te prie, afin
qu'ils paroissent en la lumiere des hommes, auec meilleure grace.

ADIEV.

LE
POLITIQVE
BOVRIQVET DE LA
MARTEGALLE.

AVX REBELLES.

MIRACLES de nos iours (Messieurs) merueille des merueilles. France ma chere patrie, dresse des feux de ioye, donne des Cantiques d'allegresse au Ciel ; de l'heureuse nouuelle que rapporte le Politique Bouriquet de Martegalle. Il est tout resolu de remedier à tes desordres, oster tes deffiances, & arrester tes confusions. Depuis six iours en çà vne douce influence celeste a roulé dans sa teste Asinesque, de façon qu'il est deuenu grand homme d'Estat, fin, prudent, aduisé, infiniment retenu parmy ses Conseils, entreprises ou deliberations. Sa Maistresse estonnée d'vn si grand changement, ne le voit plus qu'en l'adorant, n'estime rien au monde à

A ij

l'egal de sa prudence, si bien que ce n'est plus Martegalle qui meine le Bouriquet, c'est le Bouriquet qui meine Martegalle. Oyez s'il vous plaist
ce qu'elle en dit.

MART. A pied toute seullette en compa-
gnie de mes pensees, ie dresse mes pas vers la pla-
ce Royalle, admirant la beauté du lieu, l'artifice
de l'architecte, & l'ornement de la sculpture. I'e-
stois vis à vis du grand pauillon, l'ors que i'eus ad-
uertissement de retourner vistement dans ma
chambre, ce que ie fis auec vne extreme diligen-
ce, mettant des aisles à mes talons, eu esgard aussi
que ie suis fort deschargée, nullement fournie de
graisse, ayant le corps & l'habit à la Prouençalle,
legere donc que ie suis i'arriuay chez moy, où de
prime face ie fus bien estonnee de voir Monsieur
Bouriquet assis dans vne chaire, auec vn air qui
sembloit fort son harangueur: sçauez vous (Messieurs) s'il tenoit bonne mine, si sa grace estoit
bien composée, si son port estoit calme & asseuré, il n'est sur ma foy, impossible de le vous dire,
surpassans du tout en tout le merite de l'asne d'A-
pulée. Ce rauissement m'obligea de luy faire en
toute humilité vne profonde reuerence, en luy
disant: Bon iour Mosieur Bouriquet, estez vous
là bien à vostre aise? ne voulez vous pas vn carreau
soubs vos pieds? ou vn coussinet derriere vos es-
paules? Lors renuersant doucement ses grandes
aureilles sur sa teste, ny plus ny moins qu'vn
Ministre reuolté faict sa Bible à la fin de son pres-
che, il me dist en souspirant ces paroles.

Bovr. Martegalle ma chere Martegalle,
les delices du Ciel, l'honneur de la terre, le seul
espoir de la paix de la France, la fauorite du plus
grand Prince du monde, souffre qu'auec toy, ie
pleigne nos Malheurs, detestant nostre calami-
teux siecle: ne t'espouuente ma fille, si tu m'en-
tends assez suffisamment discourir de nos desordres, si ie m'efforce d'y apporter du remede, cher-
chât le dictame duquel nous pouuons asseurémét
guarir nos blesseures. Le plus grand homme d'E-
stat de son temps, & toutefois le plus heureux fut
Licurgue, Auguste Cesar parmy les Romains,
Philippes entre les Macedoniens: ces trois dignes
Politiques ne veirent iamais leur Estat paruenu
à vne si grande vieillesse, comme le nostre: qui est
aussi capable selon la vicissitude des choses hu-
maines de receuoir sa fin, s'il n'est ramené au plustost sur ses premiers fondemés que ie trouue bié
esbranlez: vous me direz, ie le sçay bien que c'est
vne pierre d'vne extreme pesanteur à remuer, vne
œuure presque incroiable à faire, parce que nos
vices ont tellemét fait châger de visage ànos Loix,
qu'il semble que ce soit chercher du remede où il
n'y en à pas: si faut-il pourtât, ma mignône, sauuer
quelque partie de ce corps gangrené, (*Nam furor
est post malum perdere nolum*) c'est vne prudence
humaine de courir au deuant des dangers, d'euiter les perils qui se presentent, & se fortifier con-
tre ceux qui nous menacent.

Mart. Nous sommes arriuez au temps
(Monsieur Bouriquet) où les asnes parlent Latin,

vous auez outreplus allegué l'Histoire Romaine,
me faisant iuger, que bien que les temps ne soient
pas semblables en apparence, ils le sont tousiours
en effect. Ce sont des points, dont les circonfe-
rences tirent sans cesse en mesme centre. Ce vieil
aage à veu ces Alexandres, ces Cesars, ces Sci-
pions, ces Catons, le nostre a porté aussi les siens,
nos Gaulois n'estant redeuables en bonté, ny en
valeur aux Romains Ie laisse à part ces grands qui
ont passé vistement, ainsi que nous passerons ; ie
me contente seulement d'admirer la beauté de
vostre esprit, & l'elegance de vostre bien dire ini-
mitable, pour euiter le mal qui nous presse, Ma-
chiauel met le doigt sur nos playes ce me semble.

B O V R. Ie ne tiens pas les maximes de Ma-
chiauel pour veritables, ie les iuge au contraire
beaucoup deffectueuses, indignes d'vn Chre-
stien, elles ont autant de barbarie que d'impieté,
plus d'imprudence que de raison, tirant à soy des
consequences, non seulement preiudiciables aux
souuerains, mais onereuses aux subjets ; quant à
moy ie tiens pour asseuré que tout Officier de la
Couronne, qui bannist de soy la pieté ne peut estre
bon seruiteur de son Roy, ny mesme zelé au bien
de sa patrie ; si ie ne me trompe, nostre Royaume
ne s'est aggrandy que sur ceste mesme baze, qui a
versé des torrens de graces sur la teste de nos
Roys, & des mondes de benedictions à leur peuple : c'est par où il faut commencer pour bien heureusement finir. Dieu est celuy qui donne & oste
les Empires, releue ou abbat ceux qu'il desire.
Quand ie me ressouuiens des nations qui sont pe-

ties pour le seul mespris des œuures diuines, ie fri-
çonne de crainte que la nostre qui foulle aux pieds
les choses celestes, n'encoure le mesme peril. Il
n'y a sorte de mal'heur qui n'arriue à vn Royaume, depuis qu'il delaisse son Dieu : Car nous ne
pouuons regner qu'en luy obeïssant: C'est la seule
Tramontane où il faut que visent tous nos desseins. Nous auons veu ces iours passez des Sauuages parmy nous, lesquels instruits en nostre foy,
& voyans le peu d'estat que nous faisions de nostre Religion si saincte & sacrée, tiroient des larmes de leurs yeux, secondez des souspirs de leurs
poittrines: d'où vient cecy, Martegalle, si ce n'est
que nos pechez ont armé nos rebelles? Nos vices
les fortifiãt de telle façõ, qu'ils se sont laissez aller
aux violemens, saccagemens & incendies de nos
saincts temples, ayans pollu, rauy & emporté les
vases sacrez destinez au seruice de Dieu, fuyuãt en
cela la piste de leurs predecesseurs, que les ombres
Platoniques possedent il y a long têps, ces Euãge-
listes empistolez, Martegalle, joncherõt nos terres
de corps morts, mettans à sac (si Dieu n'y reme-
die)le plus beau & florissant Royaume du mõde.
   MART. Lors que i'eus l'honneur ces iours passez de voir Messieurs de Sillery, de Villeroy, Ianin,
& de Thou, ie leur fis assez sentir (Monsieur Bou-
riquer) l'importance de vostre discours, les as-
seurant que l'ire de Dieu estoit deseochée sur cest
Estat. Il faut (leur dis-je) remedier à la cause pour
oster ces pernicieux effects, autremêt nos campa-
gnes seront bien tost couuertes d'vn fleuue de sang

A a 2   Ii

qui ſubmergera ce qui nous reſté de bons François. Ces grands perſonnages vſez en affaires d'E-
ſtat, louërent ma bonne volonté, me promettans
de n'eſpargner leurs propres vies, pour redonner
à la France ſon premier luſtre : c'eſt, me dirent-ils,
Martegalle, vne maladie du ſiecle, dont la ſanté
n'eſt pas au pouuoir des hommes, mais à celuy
qui donne la paix aux Roiaumes, il faut preſter
toutesfois à noſtre mal'heur tout ce que l'induſ-
ſtrie humaine peut apporter. La ſaignée de ce
corps qui deuoit expuller vniuerſellement les hu-
meurs peccantes qu'il recelle, doit eſtre pleniere
ou nulle. Le feu Roy Henry le Grand (que Dieu
abſolue) qui a receu nos tres-humbles ſeruices
dans ſes difficultez, ne voulut iamais tenter de
guerir tout à coup ce corps vlceré, Sa Majeſté
eſperoit que le ſecours diuin joint à la reuolution
du téps, remettroit ſa premiere valetude, enquoy
ſon iugement ne dementoit rien de ſon excellen-
ce. Ie ſçay que Martegalle nous dira que les Rebelles ſont armez, qu'ils ont ſecoüé l'amour & la
crainte qu'ils doiuent à leur Roy, foullans aux
pieds ſon authorité, prenans impunément ſes
deniers, n'ayant aucun reſpect à l'Oingt du Seigneur, ny au bien de leur chere patrie qui leur
doit eſtre ſi ſainctement reſpectueuſe. Patiencé
ma bien aimée, patience, celuy qui a tant fauori-
ſé nos Roys, releué leur Couronne d'vne ſi grande cheutte, redonera bien toſt le iour à nos iours,
les remettant payſiblement dans leur throſne. Ce
Royaume a eſté choqué de plus rudes ennemis,
il s'eſt

il s'est neátmoins miraculeusement eschappé des
naufrages qui le menaçoient, n'ayez pas peur, il
n'y a rien de quoy nous puissions desesperer.

B o v r. Vous me dites là de grands discours Martegalle, & moy ie vous apprends que
le bouquet de Ciprés & d'Amaranthe est maintenant entre les mains de la France, au lieu de l'O-
liue que Henry le Grand y auoit si heureusement
plantée. Nos religionnaires vont au grand galop
dans les Estats, se faschans de viure souz la domi-
nation des meilleurs Rois de l'Europe, ils ont
desbauché nos Princes, leur persuadant de parta-
ger ce fleurissant Estat selon leur volontez, four-
nissant hommes & argent pour l'execution d'vn
si pernicieux dessein, leurs pretextes sont en apparence, bien specieux, mais en effet du tout rui-
neux, ce sont toutessois des Phaërons qui se fon-
dront aux rais de ce grand soleil, n'ayant pour
tout ordre que leur desordre, quelle frenaisie sai-
sit leurs esprits? quelle manie, trouble leur cer-
ueau, se seruant mal à propos de la Regence
de la Royne Mere, qui a si prudemment & si ver-
tueusemét gouuerné cet Empire? (heritiere qu'elle est du iugement du grand Cosme de Medicis)
elle a fait remettre plusieurs fois les espées au four
reau, attendant que la Majorité du Roy fortifiast
ses desseins. Ceux qui veulent vsurper vne Monarchie, taschent par tous moiens à rendre le Prince
odieux, & ses plus confidens seruiteurs haïssables,
enquoy ils ont veritablement excellé, afin que
iettans de la poussiere aux yeux du peuple, ils les

B

portent plus facilement à la reuolte. Vous auez
veu, Martegalle, que les autheurs de ces meneés
ont semé vn nombre infiny de petits liurets, qui
sont come allumettes pour embraser le Roiaume,
leurs discours se jettent à corps perdu sur les personnes sacrées d'iceluy, & ne sçay ce qu'ils n'en
ont pas dit. De façon qu'on a esté contraint d'em-
plir les prisons de Paris des Autheurs d'vne si per-
nicieuse faciende : ceste licence effrenée qui pul-
lule entre les François, doit estre reprimée, elle est
assez capable d'enseuelir vne Monarchie : c'est sur
mon Dieu vne cruauté d'estre humain enuers ces
impies & vne lascheté de pardonner ces abomi-
nables actions. On a fait mourir vn Brute, vn Cas-
sie, parce qu'entretenant de pareilles menées
dans vn Estat, on estoit prest d'esprouuer toutes
sortes de cruautez. Si ie repasse par ma memoire
les mouuemens dont se sont seruis nos Rebelles,
i'ay honte ie vous iure, que nostre siecle aye pro-
duict des viperes en vn lieu où estoit l'exemplaire
de toute vertu, miserables enfans qui deschirent
le ventre de leurs meres, se repaissans de son sang,
ainsi que Tigres affamez. Il n'y a rien parmy les
Caniballes, Topinamboux, Margajas & autres
sauuages si cruel. La Royne Mere desirant euiter
l'orage des iours de son petit Alexandre, trouua
par meure deliberation de Conseil, qu'il estoit ex-
pedient en sa Minorité d'accommoder les grands
de la Cour, & ceux qui ont quelque creance dans
l'Estat.
Sa Majesté cuidans trouuer leur fidelité immor-

telle au seruice de leür Roy, les a comblez de pen-
sions immenses, prenant garde sur tout de con-
tenter aucuns de la Religion pretenduë, cóme les
iugeant des plus factieux. Certes sa debonnaireté
imita en cela les Romains qui sacrifioient au mauuais demons, afin qu'ils ne leur fissent du mal, &
aux bons pour en receuoir du bien: elle a dissimu-
lé autant que sa prudence accoustumée l'a peu
permettre, milles algarades qui ont esté faictes, au
prejudice de nostre Roy, souffrant vn grand mal
pour en tirer vn peu de fruict: Ceste beneuolen-
ce inacoustumée à nos Rois, ne les a peu seule-
mét empescher de faire des assemblées où l'on ne
crioit que le feu & le sang, mais plustost les a
excitez à faire toutes sortes de rauages, condui-
sans leurs armées effrontément à la rebellion. Les
Mathematiciens tiennent vne maxime, que tout
ce qui faict mouuoir autrui, est à son repos, cela
s'entend pour entretenir auec vos moiens vne
guerre chez vos voisins, où durant qu'elle regne
sans doubte vostre seureté est establie, mais de
combler de richesses ceux qui vous peuuent
nuire dans vostre Royaume, l'affaire en
est croiez-moy tres-mauuaise, l'euenement in-
certain, & le hazard tres-perilleux (i'excep-
te ceux dont la fidelité a tousiours receu des tro-
phées parmi nous.) Ie sçay, Martegalle que ces
quatre grands Politiques qui vous ont parlé, me
diront qu'il est impossible de gouuerner autre-
ment vn estat, vieilli dans la diuision, i'approuue
vraiement leur iugement, pourueu que les petits

foient efleuez par la faueur des Rois pour con-
trecarrer les grands.

MART. Ie ne puis ouïr vos difcours, Mon-
fieur Bouriquet, fans lafcher vn torrent de mes
larmes, ie meurs d'vn defplaifir extreme de voir
la Royne Mere ma bonne amie fouffrir vne Illia-
de de peines, eftre fi mal recompenfée des veil-
les qu'elle a emploiées au bien de cefte Couronne, elle a faiɗ foigneufement nourrir le Roy en
toute pieté, il imite la deuotion de Sainɗ Louis,
la valeur de Charlemagne, la debonnaireté de
Philippes Augufte, il n'ignore aucune chofe de
ce qui appartient à vn grand Roy, pour bien-heu-
rer fes fubiets nos lys croiez moy, fleuriront fouz
fon regne, changeans nos tenebres en viues clar-
tez, malgré les bourafques que pourront fufciter
nos Rebelles.

BOVR. La verité eft que le peuple François doit s'affeurer foubs les heureux aufpices de
la bonne fortune de fon Prince, l'image de la valeur du grand Henry eftant toute en fon Louis.
Oftez le nuage de vos yeux, Martegalle, & vous
peuples rejettez voftre crainte bien loing, *ecce
graditur ante te Rex, & bella tua pugnabit*, fi vous
ayez peur du peu d'aage de noftre Roy, ou du
nombre de fes ennemis, c'eft vne folie extreme,
ne fçauez vous pas qu'vne infinité de nations,
ainfi que les Macedoniens ont porté leurs Rois
emmaillottez dans le berceau au milieu du chap
de bataille, afin que les foldats voians le vifage
de leur Roys rappellaffent leur premiere force,

Noſtre Alexandre par la grace de Dieu eſt vigou-
reux, hardy, tres-prudent : il ne veut autre choſe
que moiſſonner les triomphes dans le chanip de
Mars, ſon plus amoureux exercice. Que dif-je
(ô grand Roy) arreſtez vous vn peu, vous eſtes
l'oingt du Seigneur, qui nous eſt infiniment
cher ; du ſalut de voſtre Majeſté depend le noſtre.
Laiſſez, laiſſez conduire à cet Hercule François,
ce grand Charles de Lorraine Duc de Guyſe,
la terreur des Eſtrangers, & l'effroy de voz Rebelles : C'eſt ce Camille deſtiné du Ciel à releuer la
cheute de cet Eſtat, vray imitateur de ſes Prede-
ceſſeurs, qui ont ſi prodigalement verſé leur ſang
pour noſtre repos : Ce Prince, croyez moy, n'eſt
pas ſeulemét capable d'eſtre Lieutenát general en
vos armées, mais bié de tous les Empires de la terre : Il eſt nourry dans les plus grands trauaux, dela
guerre autant ſage en ſes Conſeils, que própt en ſes
executiós : Il n'y a point de Prince en voſtre Royaume qui aille du pair auec luy : Sa fidelité, ſa prc-
uoyance au ſeruice de voſtre Majeſté, oſte de noz
ames toutes ſortes de fraieurs : Nous dirons de luy
ce qu'on diſoit de Fabius Maximus, *Vnus homo
nobis cunctando reſtituit rem; non ponebat enim rumores
ante populum.* Ceux qui ne l'ont pas veu deuiennent
amoureux de ſes perfections, & ceux qui le co-
gnoiſſent en ſont veritablement idolatres.
Grand Alcide Guyſard, ſi la cendre de tes braues
Ayeulx te conjure à cette fois d'auoir ſoin de noz
miſeres, ou ſi nos prieres peuuét exciter ta valeur,
redouble ton bras martial à noſtre aſſiſtance : con-

uoc que tes amis, pour rendre le seruice que nostre Roy demande de toy, à fin que son bon heur se ioignant à tes trauaux, tu le puisses amener reuoir encores sa chere Andromede: Ie veux passer plus outre, Martegalle, pour vous ouurir le chemin où nous puissions remedier à nos desordres: La Royne mere voyant les instances que luy faisoit Monseigneur le Prince de Condé, pour la cõuocation des Estats, à fin de soulager les maux du public, achemina autant qu'il luy fut possible, ceste assemblée, desireuse qu'elle est de procurer vne profonde trãquillité à la France, sa Majesté, a tesmoigné en la face des Estats le desplaisir qu'elle a receu du peu d'vtilité que ses subiets en ont tiré: on a depuis accusé de la part du Prince certaines personnes, qui ne demandent qu'à rendre compte de leurs deportemens: Sa grandeur doit ouyr leurs plaintes pour rompre toutes sortes de factions, qui ne luy pourront apporter aucun cõtentement: les rebelles luy donneront assez de secours, mais à son desaduãtage. Toutes ces considerations m'ont obligé de luy depescher Martegalle, pour luy dire vn mot de ma part.

Martegalle à Monseigneur le Prince.

MONSEIGNEVR,
Le Ciel ayant reserué Monsieur Bouriquet pour remedier aux troubles de la France, m'a enuoyée vers vostre grandeur, pour la supplier tres-humblement comme ie fais en son nom, d'entendre ses iustes remonstrances! Vous estes nay le premier Prince du sang de nostre Monarque, non seulement vostre Roy, mais vostre pere, puis que les Roys sont les peres de leurs subiects: il a tousiours les bras ouuerts pour embrasser le premier Prince de sa maison & luy donner contentemēt sur ses plaintes, (si elles sont iustes) sinon vous verrez clairement la punition de celuy qui chastie les Princes, en sa fureur s'eslaucer sur vostre teste: Dieu a vn soin particulier des Roys, il les rend majeurs en leurs minoritez, vaillans en leur enfance, & tousiours aßistez de ses Anges, qui sont perpetuelle sentinelle au tour de leurs Majestez, ceux qui aspirent à vostre ruine, n'ont oublié artifices ny meschancetez, pour vous rendre chef du party des Rebelles, ou vous esprouucrez vne seruitude estrange. Souuenez vous du Demetrius de vostre siecle, le Comte Maurice, il vit en grand Prince non absolu, tousiours contrainct en ses desseings, n'osant rien entreprendre que Meßieurs des Estats ne l'ayent delibe-ré, Il est Capitaine & serf, & tout ce que peut faire ce Prince, apres s'estre exposé en vn monde de hazards pour leurs libertez, est de faire aduancer quelqu'vn des siens dans quelque chetif Gouuernement, où Meßieurs les

Bourg-maiſtres luy taillent ſes morceaux. Noz Repu-
bliquains veulent ſuiure les meſmes piſtes, gardans ſoi-
gneuſement leur aduãtage pour empieter ſur les voſtres:
s'ils ont trompé leurs Majeſtez, que penſez vous qu'ils
n'executent pas ſoubs la faueur de vos armes, attendues
d'eux auec paſſiõ il y a plus de ſix ans: tous les Souuerains
qui craignent la perte de leurs Eſtats, doibuent acrauenter
ces monſtres, d'autant qu'ils tirent à vne republique vni-
uerſelle, ne deſirans entre eux Roys ny Princes pour leur
commander. Accourez, Accourez à voſtre Roy, grand
Prince, ſecourez voſtre maiſon, offrez luy le ſeruice de voz
armes ſoubs autre couleur que ſoubs feints pretextes, la
benediction du Tout puiſſant deſcendra ſur voz iours,
vous ſerez cet Alcion de la France, qui appaiſera noz
orages, où vous aurez plus de gloire que Scipion, Pompée,
Annibal, ny Pyrrhus n'acquirent iamais par leur mains
carnaßieres. Reuenez, reuenez donc grand Prince, &
donnez à la France ce qu'elle eſpere de la debonnaireté de
voſtre grandeur.